DES

DROITS DU FERMIER

SUR LA

PLUS-VALUE

QU'IL A DONNÉE AU FONDS LOUÉ

(PROJET DE LOI DU 14 DÉCEMBRE 1893)

PAR

René PERROUT

AVOCAT

ÉPINAL

IMPRIMERIE VOSGIENNE

9, RUE DE LA CALANDRE, 9

1894

DES

DROITS DU FERMIER

SUR LA

PLUS-VALUE

QU'IL A DONNÉE AU FONDS LOUÉ

(PROJET DE LOI DU 14 DÉCEMBRE 1893)

PAR

René PERROUT

AVOCAT

———◦◦◦———

ÉPINAL

IMPRIMERIE VOSGIENNE

9, RUE DE LA CALANDRE, 9

—

1894

PRÉFACE

En écrivant au vol ces quelques pages, nous n'avons assurément pas eu l'immodeste prétention de diriger ni de redresser ceux qu'on nomme des législateurs, qui savent donc légiférer. Notre dessein est plus humble. Nous procédons de cette pensée légitime qu'il est permis à chacun de suivre les efforts louables qui tendent au bien social; qu'il est attachant de les discuter et d'en apprécier pour soi-même la direction opportune.

Que si l'on fixe par l'écriture, que dis-je? si on livre à l'impression ces idées qui auraient dû sagement rester les méditations et les discours intérieurs d'un électeur replié sur lui-même, dira-t-on qu'on a voulu instruire et persuader? Si l'on avait la naïveté de le penser, on n'aurait pas l'assurance de le dire : et, au vrai, nous serions trop heureux si quelque lecteur indulgemment fourvoyé dans ces pages, daignait seulement y prendre quelque intérêt.

8 mars.

INTRODUCTION

CONSIDÉRATIONS GÉNÉRALES

Le 14 décembre 1893 il a été déposé sur le bureau de la Chambre des députés, par M. Emile Dubois (Nord) et quelques-uns de ses collègues, une « proposition de loi portant une disposition additionnelle à l'article 1766 du Code civil, en vue d'assurer aux preneurs de baux à ferme le partage de la plus-value qu'ils auraient donnée au fonds loué »(1). En d'autres termes les auteurs du projet demandent qu'il soit légalement prononcé que le fermier aura droit dans tous les cas à une partie de la plus-value que par ses travaux ou ses impenses il aura créée sur les propriétés qui lui étaient louées.

Ce n'est pas la première fois que nos législateurs se sont trouvés saisis de cette question de réformation sociale. De semblables projets ont été mis en avant en 1847 par Pezerat, en 1850 par Morellet, en 1854 par le baron de Ladoucette, en 1870 par M. Gagneur, le 26 mars 1887 par M. Dugué de la Fauconnerie, le 27 mars 1888 par MM. Maxime Lecomte, Trystram et Pierre Legrand, le 7 juin 1888 par M. Lesouef, enfin les 23 et 28 novembre 1889 par MM. Maxime Lecomte et de Poncheville (2). Ce

---

(1) *Journal officiel*, n° du 18 janvier 1894, annexe n° 164.
(2) *Journal officiel, ibidem.*

n'est donc pas une conception nouvelle qui se trouve soumise à la Chambre ; c'est, au contraire, le rappel d'une mesure que bien d'autres, avant M. Dubois et ses collègues, avaient jugée utile et équitable et dont ils avaient sollicité la consécration législative.

Il faut ajouter que certains pays étrangers n'en sont plus à discuter la valeur du principe, mais qu'ils en ont déjà tenté l'application, à leur entière satisfaction, si l'on en croit les déclarations portées à la tribune par M. Montaut, rapporteur. C'est ainsi que l'Angleterre a, par une loi de 1883, réglé la question dans ses détails et que les fermiers irlandais ont, dit-on, su tirer de cette loi de sérieux avantages (1).

En tous cas, et pour effleurer à peine ce côté de la question, il ne paraît pas que cette idée ait une longue histoire. Les deux lois romaines qui règlent cette partie des rapports du propriétaire et du fermier (Lois 55, § 1er, et 61, § 1er, Loc. cond.) (2) sont interprétées et traduites dans les deux sens diamétralement opposés et se trouvent invoquées avec un égal succès par les partisans de la théorie actuelle et par ses adversaires. Encore ceux-ci peuvent-ils se recommander de l'autorité de Pothier.

A un point de vue général et *a priori*, il paraît raisonnable d'encourager le fermier à créer, par un travail puissant et éclairé, une fécondation de plus en plus étendue et considérable de la terre ; — nous verrons que c'est là le fondement du système que nous étudions. Et, d'autre part, il semble juste et habile de susciter cette recrudescence d'efforts en permettant au fermier de retenir pour lui une part de cette amélioration et en lui garantissant que toutes

---

(1) *Journal officiel*, n° du 18 janvier 1894, annexe n° 164, et n° du 14 février 1894, annexe n° 225.

(2) *Digeste*, livre XIX, titre 2.

ses dépenses de peine et d'argent ne serviront pas qu'à l'enrichissement du propriétaire et ne seront plus complètement perdues pour lui, quand son bail ne lui assure pas une jouissance suffisamment longue.

Il y a là une considération d'intérêt agricole bien entendu et un sentiment de justice qui ne pouvaient manquer de séduire bien des esprits studieux des améliorations sociales, et il n'est pas étonnant qu'à notre époque, où l'on s'attache à rendre au travail tous ses droits et à réduire les privilèges du capital, on insiste pour que cette réglementation, après avoir été une trouvaille et un souhait de théoriciens, devienne une disposition légale enchaînant pour l'avenir toutes les conventions.

Nous allons brièvement examiner les objections souvent très spécieuses qu'on a fait valoir contre cette mesure, les réponses qui y ont été faites et les considérations qui recommandent cette innovation. Nous examinerons ensuite les termes dans lesquels la proposition a été présentée, l'application pratique qu'elle devrait recevoir. Nous étudierons enfin s'il n'y aurait pas lieu, afin d'assurer le respect de tous les intérêts et de tous les droits, d'apporter quelques modifications au projet.

CHAPITRE PREMIER

OBJECTIONS FAITES AU PROJET. — SA LÉGITIMITÉ

Les objections qu'on a opposées à la proposition se ramènent à deux principales.

On a.dit tout d'abord qu'une telle intervention légale, qui devait lier tous les propriétaires fonciers et réglementer tous les baux, était une grave atteinte au droit de propriété, dont le caractère éminent est d'être absolu. On a protesté contre ce qu'on a appelé une violation d'un droit légitime et jusqu'alors inviolable, une expropriation partielle d'un droit souverain bien plus dangereuse que toutes autres parce qu'elle est faite dans un intérêt privé, l'intérêt du fermier, et parce qu'elle est pour le propriétaire un dépouillement partiel sans compensation.

On a objecté encore que si l'on encourageait le locataire à faire des impenses d'amélioration sur les terres qui lui sont affermées et si on lui faisait espérer de rentrer dans ces déboursés en recevant une part de la plus-value qu'il aurait créée, on le lancerait vers des prodigalités dont le garantirait le propriétaire. Le fermier, ne risquant pas ses propres capitaux, n'hésiterait pas à tenter, avec les deniers du propriétaire, des travaux plus conformes peut-être à la culture intensive savante, mais trop lourds pour le propriétaire dont les ressources seront souvent au-dessous de ces dépenses. D'où un sérieux péril.

Ces objections ont été soutenues énergiquement et par des esprits éclairés. Elles ont paru concluantes à beaucoup (1), et il faut avouer qu'elles sont spécieuses et d'apparence irréfutables. Il y a cependant été répondu et, croyons-nous, victorieusement.

La première objection n'est guère autre chose qu'une dispute de mots. On peut dire qu'elle s'est trouvée complètement détruite par les moyens puissants que les auteurs du projet, le rapporteur et d'autres encore, nous le verrons, ont fait valoir.

On n'en est plus, en effet, à se demander si le droit privé du propriétaire doit ou non s'effacer parfois devant l'intérêt public et le droit national. De nombreuses restrictions, dont on a d'ailleurs été toujours indemnisé, ainsi qu'il convient, et contre lesquelles personne ne songe plus à protester, prouvent que pour chacun la question est tranchée et mise au point. Tels sont les monopoles, l'expropriation pour cause d'utilité publique, la surveillance exercée sur les traitements infligés aux animaux, la règlementation du travail.....

Il s'agit donc de savoir si l'intérêt général est engagé à ce que, dans l'avenir, le propriétaire ne puisse plus se réserver pour lui seul le bénéfice de la plus-value que son fermier aurait produite par son labeur et son argent.

La réponse s'impose avec évidence. Sans parler de la justice, contre laquelle on a toujours tort d'argumenter et que les organisateurs de l'état social devront de moins en moins méconnaître, il y a un intérêt primordial pour la nation tout entière à ce que les terres improductives deviennent de plus en plus rares et l'étendue cultivée de plus en plus considérable ; à ce que, d'autre part, les terrains aujourd'hui exploités deviennent plus fertiles et doublent leur rapport. Ce serait une solution de la crise

---

(1) Voy. notamment en ce sens : Dalloz, *Jurisprudence générale*, verbo **louage** ; P. Gauvain, *Législation rurale*, n° 342.

agricole, ce serait un enrichissement ou un plus grand
bien-être pour tous ou presque tous.

On a calculé approximativement que la mise en exploitation des terres dormantes procurerait un revenu annuel
de près de 270 millions de francs ou, par exemple, produi-
rait la quantité de blé nécessaire à la consommation du
pays.

D'un autre côté, assurer l'amélioration des prairies c'est
provoquer le développement et le perfectionnement de nos
races animales, cette autre richesse agricole.

En résumé, supprimer les terres incultes ou en réduire
le nombre, améliorer les terrains médiocres, c'est de toute
évidence le remède le plus efficace à la concurrence étran-
gère, la satisfaction des besoins du pays par le pays, la
fin de la crise pour les cultivateurs, — c'est-à-dire pour le
plus grand nombre —, le bien-être, disions-nous, qui ne
manquerait pas de s'étendre à tous les consommateurs.

N'est-il pas juste, alors, n'est-il pas nécessaire qué les
pouvoirs publics décident que le capital devra s'associer à
ce progrès, puisqu'il n'y a pas d'autre moyen de le réaliser?

Le fermier a reculé jusqu'à ce jour devant les améliorations indispensables à la prospérité nationale, parce qu'il
n'avait pas ordinairement les ressources nécessaires pour
faire face aux frais nouveaux de la culture intensive,
parce qu'il se décourageait à la pensée que la plus-value
qu'il allait produire ne profiterait guère qu'au propriétaire
et que la durée souvent trop courte des baux à ferme ne
lui permettrait même pas d'en tirer une jouissance utile.
Cette absorption par le *capital* ne pouvait manquer d'être
fatale aux bonnes volontés et de paralyser les efforts que
le *travail* est toujours prêt à fournir et que le salut public
demande plus que jamais qu'il fournisse.

Rien n'était plus simple et rien n'est plus urgent que de

faire cesser cette situation fâcheuse. N'est-ce pas un moyen d'y parvenir que d'intéresser le fermier à la création des plus-values, que de lui garantir que non seulement ses frais et ses peines ne seront pas perdus pour lui, mais qu'il pourra compter sur un profit, sur des bénéfices que sa jouissance, aux conditions actuelles, ne lui laissait pas espérer.

Il faut ajouter que ce serait une application anticipée du Crédit agricole, car le cultivateur, protégé par un gage sérieux, garanti par la responsabilité du propriétaire, trouvera aisément à se procurer à terme les instruments de travail nécessaires et pourra faire les premières mises, les premiers sacrifices qui ne rapportent pas encore, mais préparent le profit.

Enfin, la loi proposée rendrait aux fermiers le service de es contraindre, pour appuyer un jour leurs réclamations, à cultiver avec méthode, à tenir une comptabilité fidèle de leurs impenses, à dresser un état sérieux de leurs travaux, toutes choses si désirables et si justement encouragées par les Comices agricoles.

Si l'on joint à ces avantages, dont l'énumération ne saurait être complète, cette constatation que le propriétaire est loin d'être sacrifié, puisque la plus-value, dûment constatée, dont il ne paie qu'une partie, lui reste en définitive, avec l'accroissement de richesse qu'elle apporte, il est évident que les doléances du capital foncier ne sont que les dernières résistances de préjugés que le courant du progrès doit emporter.

Voilà pourquoi de nombreuses adhésions au projet se sont déjà produites. Ainsi MM. Méline (1) et Develle, parmi les plus autorisés, ont nettement pris parti pour l'adoption du

---

(1) M. Méline s'exprime ainsi : « J'ai déclaré à maintes reprises que nous aurions à nous occuper d'une série de lois indispensables

principe. Ainsi, sans compter les noms déjà cités au début de cette étude, M. Lecouteux a pu dire que c'était là « une question de salut public »; et M. Tellier, président honoraire de la Société des Agriculteurs du Nord, « que c'était le droit à l'amélioration de la terre qu'il s'agissait de décréter ». Plusieurs conseils généraux, notamment ceux de l'Eure et du Nord, ont émis des vœux favorables. Enfin M. Baudrillart a pu écrire : « On fait le bien du fermier, puisqu'il produit et gagne plus ; on fait le bien du propriétaire, puisque son instrument, sa terre valent davantage ; on fait le bien de la nation, et en pareille matière l'intérêt général et national doit peser d'un poids très lourd. »

Reste la deuxième objection : certes, il ne faut pas que les pouvoirs publics sacrifient les droits éminemment respectables et intéressants du propriétaire, et il serait socialement immoral que le législateur fît des largesses, fût-ce aux travailleurs, avec les deniers d'autrui. On ne saurait donc livrer les propriétaires aux entreprises téméraires et peut-être vexatoires de locataires sans responsabilité et les exposer à des frais que leurs ressources ne leur permettaient pas de hasarder et qu'ils ne pourront couvrir qu'en se mettant dans la gêne.

On comprend très bien l'émotion qu'une telle perspective soulèvera chez tous les propriétaires, mais il était impossible que la difficulté ne fût pas prévue et résolue et que la sécurité ne fût pas rendue au bailleur justement inquiet.

---

pour sauver l'agriculture de la crise où elle se débat et nous plaçons au premier rang celles relatives aux améliorations foncières introduites par le fermier. J'ai déclaré que, tout en reconnaissant le fait, que beaucoup de propriétaires avaient résolu la question, il était utile de légiférer sur ce point pour prévenir toute difficulté entre le propriétaire et le locataire, et surtout pour régler la procédure en cas de dissentiment sur l'importance des améliorations de la culture. Je suis tout prêt, pour ma part, à étudier les législations de ce genre qui existent déjà dans d'autres pays. » *Journal officiel*, loc. cit.

Le projet de loi, en effet, est ainsi conçu que les alarmes des capitalistes-fonciers n'ont plus aucune raison d'être.

Tout d'abord, le propriétaire devra tenir compte à son locataire, non pas des dépenses que celui-ci a faites, mais de la plus-value qu'il a créée. Il faudra donc, avant tout, *constater en dues formes* cette plus-value, c'est-à-dire une majoration de la valeur vénale ou de la *locativité* de la propriété. Et le propriétaire, qui ne paiera qu'une part de la plus-value dans le passé, la retiendra tout entière pour l'avenir. En sorte que non seulement il est impossible qu'il y perde, mais il est assuré d'un sérieux bénéfice. Est-il rien de plus juste ?

A cet effet, les auteurs du projet estiment qu'il y a lieu d'associer à l'œuvre d'amélioration le capital, le fonds, qui fournit la matière sans laquelle le progrès ne saurait être réalisé. En conséquence lui attribuent-ils un tiers de la plus-value et ne le contraignent-ils à verser au fermier (le travail) que les deux autres tiers.

Les mêmes auteurs fixent un maximum au-delà duquel le propriétaire ne saurait être tenu et lui accordent un délai pour se libérer.

Enfin, en ce qui concerne les très gros œuvres, comme les constructions et les plantations, qui pourraient grever très lourdement son budget, on admet que le propriétaire restera muni du droit d'option institué par l'article 555 du Code civil, 1er alinéa.

Nous allons, au surplus, retrouver tous les détails de cette réglementation en abordant l'étude des termes mêmes de la proposition de loi.

CHAPITRE II

ANALYSE DU PROJET DE LOI

Le projet de loi est ainsi formulé par ses auteurs :

« ARTICLE PREMIER. — Les dispositions suivantes sont
« ajoutées à l'article 1766 du Code civil :

« Le propriétaire devra tenir compte au fermier des
« deux tiers de la plus-value que celui-ci aurà procurée
« au fonds loué par ses travaux de culture et qu'il aura
« fait constater contradictoirement avant l'enlèvement de
« la dernière récolte.

« Cette indemnité des deux tiers ne pourra, en aucune
« circonstance, dépasser l'importance de trois années de
« fermage, Le juge aura la faculté d'accorder au proprié-
« taire des délais n'excédant pas cinq ans pour payer en
« un ou plusieurs termes au fermier sortant la somme
« allouée qui, en ce cas, produira des intérêts à raison
« de 5 % par an ; cette indemnité sera, si le propriétaire
« le requiert, remplacée au profit du fermier sortant par
« une prorogation de jouissance de six années aux condi-
« tions du bail expiré.

« Toute clause de bail ou convention ayant pour but
« d'empêcher l'application des dispositions précédentes
« sera nulle et de nul effet.

« Ce qui concerne les constructions et plantations conti-
« nuera à être régi, à défaut de conventions, par les dis-
« positions de l'art. 555.

« ART. 2. — Les dispositions suivantes sont ajoutées à
« l'article 5 de la loi du 25 mai 1838 sur les justices de
« paix :

« 6° Les contestations relatives aux indemnités de plus-
« value réclamées par le fermier sortant au propriétaire.

« Le juge de paix compétent sera celui de la situation
« du fonds loué ou de la partie principale du fonds ;

« Les frais seront par moitié à la charge des deux par-
« ties (1). »

Tel est le projet. On voit que la disposition additionnelle
que l'on se propose de joindre à l'article 1766 du Code
civil va considérablement l'allonger : c'est une preuve que la
tâche de législateur est ici singulièrement ardue et qu'elle
exige de bien minutieuses précautions. Encore jugeons-
nous très incomplète la loi proposée et croyons-nous pou-
voir démontrer tout à l'heure qu'elle laisse la porte ouverte
aux plus grosses difficultés.

Nous retrouvons précisées et détaillées les mesures rè-
glementaires auxquelles nous faisions allusion au précédent
chapitre. Il ne paraît pas utile de s'y appesantir, la simple
lecture du texte en faisant clairement saisir le sens et le
but.

Toutefois nous relèverons plusieurs clauses du nouvel
article qui demandent une interprétation ou appellent une
observation.

---

(1) *Journal officiel*, loc. cit. — Le 20 janvier 1894, une nouvelle
proposition de loi a été déposée. Elle est conçue dans les termes
suivants : « Le fermier sortant a droit de réclamer au bailleur une
indemnité à raison de toutes améliorations du sol, lorsqu'il en aura
augmenté la productivité. » (*Journal officiel* du 24 février 1894, annexe 287.) Cette proposition ne modifie en aucune façon notre thèse,
d'autant qu'elle est bien imprécise, bien vague et qu'elle ne fait
guère qu'énoncer le principe sans toucher à la question autrement
délicate et discutable de son application.

Il serait peut-être pratique d'indiquer —, ce qui n'a pas été fait, — que l'expertise contradictoire en vue d'établir la plus-value sera faite par un ou trois experts désignés par le juge de paix compétent, sur requête présentée par la partie la plus diligente : c'est un moyen de régulariser cette procédure indispensable et d'ailleurs très justement exigée ; c'est un moyen surtout d'éviter les hésitations ou les contestations qui ne pourraient manquer, dans le silence de la loi, d'en accompagner les premières applications.

Il est dit au 3e alinéa que « l'indemnité sera, si le propriétaire le requiert, remplacée au profit du fermier par une prorogation de jouissance de six années aux conditions du bail expiré ». Voilà qui est parfaitement conforme à l'esprit de la loi qui veut remédier, avons-nous dit, à l'impossibilité où se trouvent les titulaires de baux à courte durée de tirer parti, par une jouissance suffisamment longue, des dépenses qu'ils ont faites ou des travaux qu'ils ont péniblement exécutés. C'est une mesure qui semble d'une invention heureuse et d'une pratique facile. Et pourtant, si l'on va plus loin que les apparences, comment pourra-t-on régler l'exercice de cette faculté qui sera souvent bien avantageuse pour le bailleur tout en sauvegardant les intérêts du preneur ? Et d'abord s'agit-il d'un droit d'option qui n'appartiendra qu'au propriétaire ? Suffira-t-il à celui-ci de requérir la prorogation de jouissance pour qu'elle s'impose au fermier, sous peine de perdre tous ses droits à sa part de plus-value ? Cela semble rationnel, puisque le fermier reste toujours assuré de la seule chose qu'il puisse désirer et qu'il ait le droit de réclamer, à savoir la possibilité de recueillir le fruit de ses peines et de ses sacrifices par une possession suffisante. Mais le projet ne le dit pas. Le dirait-il, qu'il n'aurait pas résolu toutes les difficultés. Et l'interprète, jurisprudence ou doctrine, se demanderait encore ce qui devrait être décidé dans l'hypothèse où le bailleur, dont la fortune mobilière serait minime, aurait requis la prorogation et où le preneur serait empêché par une cause quelconque, son âge ou ses infirmités par exemple, d'en profiter et partant de l'accepter. Qui devrait-on sacrifier? Faudra-t-il que le propriétaire paie une indemnité qui l'écrase ou bien que le fermier soit déchu d'une rémunération à laquelle il a droit? C'est encore un point qu'il serait bon de préciser et que la discussion parlementaire éclairera sans doute.

« L'indemnité, dit-on, sera des deux tiers et ne pourra, en aucune circonstance, dépasser l'importance de trois années de fermage. » C'est là, semble-t-il, faire une part suffisante au capital en même temps qu'on rassure, par la fixation d'un maximum qui ne paraît pas exagéré, le propriétaire inquiet des exigences arbitraires et incertain des sommes qu'il peut être appelé à débourser.

Enfin il est disposé que la loi nouvelle est d'ordre public et que les parties ne seront pas libres d'en suspendre l'effet. C'est de toute raison : autrement les propriétaires ne manqueraient pas de s'affranchir, par une clause qui deviendrait de style dans tous les contrats, de la gêne qu'on leur impose, et la loi demeurerait lettre morte. Puisqu'il est vrai que l'intérêt public se trouve engagé, le législateur, s'il veut légiférer utilement, doit évidemment assurer, avant tout, une sanction aux réglementations qu'il promulgue.

Pour le surplus, les auteurs du projet complètent l'organisation de leur système au moyen d'un certain nombre de mesures au texte desquelles il suffira de se reporter.

Ainsi présenté, et sous le bénéfice des observations qui précèdent, le projet est-il acceptable? Nous ne le pensons pas, et la critique, à laquelle nous arrivons, va établir que si le principe théorique de la proposition paraît incontestable, si même la base d'application en est judicieuse, le plus malaisé reste à faire.

Nous verrons en effet que bien des difficultés n'ont pas été prévues et que bien des situations n'ont pas été réglées.

CHAPITRE III

CRITIQUE DE LA PROPOSITION DE LOI
MODIFICATIONS PROPOSÉES — CONCLUSION

Quelque soin que les auteurs du projet aient apporté à sa préparation et à sa rédaction, leur travail n'est pas sans renfermer de graves lacunes et le développement du texte, qui contraste dans la législation moderne avec le laconisme si compréhensif du Code, n'a pas empêché qu'elles subsistassent.

Les dits auteurs paraissent avoir méconnu, en tous cas n'ont pas suffisamment dégagé cette idée primordiale : aucune matière n'est appelée à susciter autant de procès que celle-ci. D'un côté bénéfices, de l'autre déboursés, d'une part exigences, de l'autre résistances inévitables ; par conséquent, désaccord. Le fermier sortant ne manquera jamais de tenter une réclamation ; il comptera, et avec raison, sur les hasards d'une évaluation et sur les surprises que ménagent les appréciations humainement faillibles des experts. Il y manquera d'autant moins qu'il aura été un pire fermier et, expulsé à bon droit par le propriétaire, il ne négligera pas, à titre de représailles, l'occasion d'infliger à son bailleur les ennuis d'un procès.

Sans doute il n'aura souvent rien à en attendre, mais il ne payera même pas sa part de frais, à cause de son insolvabilité.

De son côté, le propriétaire résistera, espérant soit lasser le fermier, soit obtenir une réduction de la demande,

On peut dire, en résumé, que le fermier réclamera toujours, et que le propriétaire sera récalcitrant par principe. Il est évident qu'aucune situation n'est plus propre à soulever les contestations et qu'aucun terrain n'est plus favorable aux procès.

Or, n'est-il pas d'un intérêt public de prévenir une telle calamité? N'est-il pas essentiel de prévoir et d'empêcher cette multiplication des litiges qui serait fatale à tout le monde? C'est précisément ce que ne fait pas la proposition et c'est ici qu'elle pêche. Ce côté de la question n'a pas été suffisamment mis en lumière, et les auteurs du projet ont non seulement négligé de réglementer certaines situations qu'ils n'ont peut-être pas aperçues, mais pour le surplus et dans les limites de ce qu'ils ont disposé, ils n'ont pas pris toutes les précautions qu'il fallait prendre, parce qu'ils n'ont pas eu assez cette préoccupation des procès qui devait, à notre sens, diriger et inspirer la rédaction de la loi.

Si nous passons maintenant aux détails, nous justifierons les critiques d'ensemble qui précèdent et indiquerons en même temps les moyens qui semblent propres à y porter remède.

I

Quelle est, en premier lieu, la plus-value dont il sera tenu compte au fermier; quels sont les travaux et les frais dont il sera appelé à faire état?

Dans l'exposé des motifs, les auteurs du projet déclarent qu'ils n'ont pas cru devoir faire une liste des améliorations parce que cette énumération, qui devrait être limitative ou ne pas être, est impossible à arrêter; parce que l'on risquerait de laisser en dehors de cette liste certains travaux culturaux intéressant le progrès. Et ils concluent qu'il suffit d'écrire dans la loi « le principe de la plus-value, sans y ajouter aucune particularité ».

Tel n'est point notre avis, et rien n'est plus dangereux, au contraire, que cette manière de voir ; rien non plus n'est moins acceptable.

Si la loi entend ainsi demeurer dans le vague des généralités, et si le législateur compte sur le bon sens et l'équité des parties dans chaque cas particulier, la déception sera grande. Et l'on aura, par une singulière illusion, laissé subsister la source principale des contestations et des procès. La loi n'ayant aucune fixité, chaque espèce ne sera pas définie, classée dans une catégorie, et le fermier sera toujours tenté de la faire trancher par le juge.

Nous pensons, au contraire, qu'il est indispensable que la loi contienne une énumération, limitative dans certaines de ses parties, indéterminée dans les autres, des plus-values à allouer au fermier, et nous estimons que rien ne sera plus aisé à établir.

Nous croyons d'autre part que, outre les constructions et les plantations qui demeurent soumises au régime de l'article 555, toutes les améliorations ne sont pas à rémunérer et que certains travaux et certaines dépenses, par leur nature même, doivent être laissés à la charge exclusive du fermier.

Nous arrivons ainsi, tout naturellement et par la plus élémentaire des déductions, à la division tripartite suivante :

1° Travaux dont l'effet est temporaire et immédiat ;

2° Travaux de gros œuvre : constructions, plantations ;

3° Tous autres travaux non compris dans les deux premières catégories.

Nous ne parlons pas évidemment des travaux d'entretien

que le fermier doit incontestablement exécuter à ses frais,
puisqu'il reste soumis à l'obligation de jouir en bon père
de famille.

§ 1ᵉʳ.

1° **Travaux dont l'effet est temporaire et immédiat.** — Il
nous a paru juste d'éliminer de la loi nouvelle tous les
travaux rentrant dans cette première classe. La raison en
est simple : le législateur part de ce principe, qu'il semble
parfois oublier, que ce qu'il est intéressant d'encourager
et ce qu'il est juste de partager, ce ne sont pas les dépenses
du fermier, c'est la plus-value, utile parce qu'elle sera
durable, qui résulte pour le fonds de ces dépenses et de
ces travaux. C'est encore un principe fondamental que la
loi nouvelle formule, il est vrai, mais qu'elle ferait peut-
être bien de mettre plus en évidence et surtout de ne point
oublier. Or il est évident que, par définition, des travaux
« dont l'effet est temporaire » ne sauraient créer cette
plus-value durable qu'on a voulu précisément provoquer
puis répartir. Le but de la loi n'est donc plus atteint, et il
est conforme à son esprit de ne pas comprendre ces frais
de culture parmi ceux qu'indemnise le propriétaire.

Il y a lieu d'ajouter que les mêmes travaux ou impenses,
ayant un effet immédiat, ont porté aussitôt leurs fruits
caducs et, comme nous allons le voir, c'est l'usager seul
qui a pu en profiter et qui en effet les a recueillis.

C'est dans cette première partie que viennent se ranger
la plupart des engrais : fumiers de ferme ou engrais chimiques. Les auteurs du projet les comprennent parmi les
éléments de plus-value dont il devra être tenu compte au
locataire. Nous n'hésitons pas à penser que c'est à tort,
du moins pour la plupart. Et, en effet, on ne peut pas dire

que les fumiers et presque tous les engrais chimiques aient une efficacité durable relativement au fonds dans lequel on les enfouit, ni qu'ils transforment pour un avenir appréciable la propriété où on les emploie. Ils ne créent pas une plus-value constante si on ne prend soin de les renouveler. Il faut cependant en excepter certains engrais chimiques, tels que les phosphates ou certains condiments comme le marnage : en un mot tous les amendements dont l'effet se prolonge durant plusieurs années et qui rentrent ainsi dans les prévisions de la loi.

D'autre part, leur effet est immédiat. L'engrais, si on peut dire, se transforme incontinent, dans l'année même, en fruits. Qui a profité de ces fruits? Ce n'est pas évidemment le bailleur mais le fermier qui recueille, sous forme de récoltes plus abondantes et plus grasses, les frais et les travaux qu'il a faits au commencement de chaque campagne.

Le propriétaire n'en retire donc rien : ni par la perception au moment où ces améliorations sont créées, ni plus tard par sa remise en possession d'une terre plus féconde ou d'une exploitation plus facile.

Il serait injuste et d'ailleurs contraire à l'esprit de la loi de lui imposer cependant le remboursement des deux tiers de ces améliorations dont il n'a jamais bénéficié.

Les livres des syndicats agricoles établissent, au surplus, que les cultivateurs se mettent de plus en plus à l'usage des engrais chimiques et que ces moyens d'encouragement ne sont plus de première nécessité.

§ 2.

2° Travaux de gros-œuvre. — Ce sont les constructions et les plantations. Sur ce point, nous sommes d'accord avec les auteurs du projet. C'est l'article 555 du Code civil qui continue à s'appliquer, mais bien entendu l'article 555 alinéa 1er, en tant qu'il règle les rapports entre le propriétaire et le possesseur de mauvaise foi, c'est-à-dire en tant qu'il laisse à celui-là le choix entre l'enlèvement ou le paiement des dépenses. Encore faudra-t-il l'exprimer.

§ 3.

3° Restent tous les autres travaux non classés dans les deux précédentes catégories. On les peut définir : les travaux et impenses qui améliorent la terre d'une façon constante et lui apportent une plus-value durable.

Il n'est que juste que ces travaux soient indemnisés, que ces frais soient remboursés, et tous ou presque tous les développements qui précèdent ont eu pour but d'établir que le législateur entendait précisément attribuer au fermier une part de cette sorte de plus-value.

L'énumération de ces travaux ne saurait, bien entendu, être limitative. On peut considérer comme tels : le drainage, la création de chemins de défruitement, les défrichements, la mise en rapport de terres dormantes, etc., etc.

Sans doute, il y aura ici une part faite à l'appréciation du juge ou de l'expert ; mais elle sera sans danger en raison de la définition très nette qu'on peut donner de ces travaux et de la facilité qu'on aura de vérifier s'ils sont ou non conformes à cette définition.

Il résulte aussi de ce qui vient d'être exposé que la réforme projetée n'aura guère d'effet que dans les pays de grande culture, où parfois une bonne partie des grandes propriétés affermées sont demeurées incultes jusqu'aujourd'hui. Mais dans nos petites cultures, tenues, par les efforts des Comices puis des Syndicats, au courant des pro-

grès de la science agricole, d'autant plus facilement que
la dépense était moins importante, il n'y a plus guère de
plus-values à créer, et nos agriculteurs ne sont certes pas
ceux qui tireront le plus grand avantage de la loi nouvelle.

II

La proposition de loi énonce bien que c'est à la *plus-
value* que le fermier aura droit.

Mais ce principe fondamental est-il suffisamment dégagé? Il ne faut pas méconnaître que ce sera là une des
causes principales de conflits.

Il serait peut-être bon de spécifier par une stipulation
additionnelle que c'est la plus-value et non pas la dépense
qui se partage. La précaution n'est pas compromettante,
et c'est un moyen d'affirmer le véritable but de la loi, en
même temps que d'empêcher l'éclosion inévitable de réclamations basées, non pas sur des améliorations, mais sur
des impenses dont la réalité sera sans doute indiscutable,
mais qui n'auront en rien profité au fonds affermé. Ce
sera une assurance dans l'intérêt du propriétaire contre
les travaux inutiles et les prétentions excessives. Et le
propriétaire qui en bénéficiera le plus, sera justement le
plus intéressant, celui qui loue de petites cultures où les
améliorations sont plus rares, mais où les fermiers sont
souvent le moins accommodants. C'est d'ailleurs un rappel
de ce que nous venons de développer antérieurement.

Comment cette plus-value s'établira-t-elle? Il faut avouer
que la question a son importance et qu'on a tout à gagner
à ne la point laisser dans le vague, autant du moins qu'il
est possible.

Il est évident qu'il faudra d'abord avoir recours aux

moyens d'investigation admis par la jurisprudence dans des situations analogues, notamment dans l'application de l'article 555 du Code civil (1). On s'en rapportera également à l'appréciation des experts nommés ainsi qu'il est dit plus haut.

Mais à tout cela il faut une base sérieuse. Aussi fera-t-on bien de pénétrer les locataires de cette idée : que c'est à eux qu'incombe la justification des perfectionnements dont ils demandent le partage et qu'ils devront se réserver les moyens d'administrer cette justification.

Comment? Nous avons déjà répondu, en partie tout au moins.

Le fermier, et ce sera un des plus heureux effets de la loi au point de vue économiqne, devra tenir un compte exact de ses innovations et un détail sincère de ses impenses. La comptabilité agricole, si recommandée et si désirable, deviendra une nécessité.

D'autre part, le fermier agira prudemment en faisant constater contradictoirement, au moment de son entrée en jouissance, l'état des lieux qu'il prend à ferme.

III

Un autre écueil que le législateur doit prévoir et éviter, c'est la mauvaise foi de certains fermiers qui, pour vexer le propriétaire, ne craindront pas quelquefois de se livrer sur sa propriété à des entreprises fantaisistes, afin de se donner une apparence de raison quand ils formuleront une demande de répartition. Ils se refuseront à les interrompre, s'ils en sont sommés, sous prétexte que non seule-

---

(1) Voyez Dalloz, *Code civil annoté*, art. 555.

ment le fermier est libre de se livrer à des tentatives d'amendement, mais encore qu'il est encouragé à le faire.

Ne serait-il pas d'une législation tutélaire de spécifier que le preneur devra prévenir le bailleur un mois à l'avance des travaux qu'il a l'intention d'exécuter, et que le bailleur ainsi averti aura le droit de faire constater, en cas de contestation, par un ou trois experts nommés sur requête, le caractère inutile et vexatoire de ces travaux ; de poser nettement le principe que le fermier, nonobstant les encouragements qu'il reçoit à se conformer de plus en plus aux règles de la culture intensive, ne pourra méconnaître l'obligation à laquelle il demeure toujours soumis de jouir en bon père de famille d'une part et de *maintenir la destination de la chose louée* d'autre part ; de dire enfin que les entreprises du genre de celles que nous venons de signaler, étant nuisibles à l'intérêt général et à l'intérêt privé, pourront donner lieu au profit du propriétaire à une résiliation du bail avec dommages-intérêts ?

IV

Enfin il faut à tout prix entraver les demandes fantaisistes et vexatoires et refuser aux mauvais fermiers une arme dont ils seraient heureux de se servir contre leur bailleur déjà lésé par l'inexécution de leurs charges de preneurs. Comme aussi n'est-il pas admissible que le propriétaire puisse impunément opposer aux justes prétentions du fermier un refus arbitraire.

Rien ne sera plus facile à éviter. Il suffira de disposer que toute demande non justifiée, formée par le fermier à sa sortie, entraînera la condamnation de celui-ci en tous les frais, et que les dépens seront au contraire mis à la charge du bailleur dont la résistance sera jugée mal fondée.

Dans le même ordre d'idées, le législateur, pour assurer au propriétaire la part de protection à laquelle il a droit, devra également prononcer que le fermier expulsé pour non-paiement de tout ou partie de son canon, ne sera pas recevable à introduire contre le bailleur l'action en partage de plus-value. On comprendra en effet que, en fait, un tel locataire aura rarement le moyen de justifier d'une plus-value qu'il aurait créée. Ce qui n'empêche pas que ce sera précisément lui qui ne manquera jamais l'occasion de soulever une chicane à son propriétaire.

Telles sont, rapidement esquissées, les observations que nous a paru devoir provoquer l'examen du projet de loi et les modifications qu'il nous a semblé opportun d'y proposer.

On voit qu'elles procèdent d'un même principe auquel elles se ramènent toutes : encourager, à l'avantage de tous, les progrès culturaux tout en ne sacrifiant pas l'intérêt du propriétaire; faire le bien du Travail sans faire le mal du Capital. C'est, d'ailleurs, le point de départ des auteurs de la proposition, qui ont voulu créer une mesure à la fois utile et juste. Mais nous avons pensé qu'il fallait veiller à ce que ce point initial ne fût pas perdu de vue dans l'application des principes. Et notre étude n'a pas eu d'autre but que de signaler et de recommander cette préoccupation qui nous semble primordiale.

TABLE DES MATIÈRES

9 782014 059069